La Sainte Convergence et autres poèmes

Translated to French from the English version of
The Holy Convergence And Other Poems

Debjyoti Das

Ukiyoto Publishing

Dédicace

To
RuTo
RaTo
RiIls sont ma sagesse, mon amour et mon inspirationSans
eux je ne serais pas......

Contenu

La Sainte Convergence

Le croissant de lune au milieu des nuages blancs

jette sa pâle lueur sur la vallée,

Descend les verts herbeux, descend,

Du mont de Vénus, déesse Nyx,

D'une beauté éclatante et météorique,

La chevauchée nocturne, dans son char,

Emerge sous la forme d'un astéroïde flamboyant,

En me tenant la main,

Dans une nuit sombre et endormie, guide-moi,

Jusqu'à la tonnelle d'Aphrodite,

Assise avec une séduisante aura de blanc cygne,

Avec un sourire charmeur, il me prend la main,

Réaliser ma quête en tant que Bohème,

Se transforme,

Comme Innana de Mésopotamie,

Elle me montre la richesse de sa créativité,

Entre les rivières, elle a semé sa fertilité,

Donner naissance à une civilisation florissante,

Quelque part, connue sous le nom d'Ishtar,

Avec son étoile à huit branches,

L'aube de l'acculturation,

Des bassins fluviaux, larges et lointains,

En tant que reine du ciel,

Il a accordé la sagesse et le pouvoir,

Elle tient toujours ma main et se modifie,

Comme une nymphe, belle,

Caractéristique, blanc comme un cygne, exquise,

Me transcende, jusqu'au pays des rivières,

La vénère sous le nom de Saraswati,

Produire la sagesse de la fertilité,

La terre éternelle de "AUM", l'universel,

Saptasindhu, la confluence des cultures,

Béni par son inspiration divine,

Il m'enseigne profondément les saintes pensées,

comme le seul moyen d'accéder à l'immortalité.

Le feu de l'espoir

Ô, le feu de l'espoir,

Tenez votre lampe en l'air,

Éclaire mon chemin fatigué en dessous,

Je ne suis qu'un simple voyageur

En quête de liberté,

A la recherche de votre lumière d'espoir,

Un refuge douillet contre le froid extérieur,

Illuminant mon horizon ignorant,

Conduisant à la voie du salut,

Je salue votre manifestation la plus brillante.

Le feu de la passion

Ô, le feu de la passion,

Enflammez-moi en abondance

Avec vos étincelles d'affection,

Laissez-moi sauter et danser,

Évoquer le souvenir de ma bien-aimée,

Brûler la distance longue,

Accro à la pensée amoureuse,

Les yeux pétillants de l'aimée, le désir combiné,

Des gouttes nacrées suintent de la fente caverneuse,

Des baisers fervents, des lèvres écartées, des baisers sublimes.

Le feu de la purification

Ô, le feu de la purification,

Brûlez la mort et les maladies,

Tous les maux de la civilisation moderne,

Saleté accumulée de la transgression,

Avec votre acte sacré de purification,

Laissez-vous faire,

Des cendres des vices,

Le nouveau-né plus désirable,

Pureté céleste et innocence,

La création d'un monde est tout à fait louable.

Le feu de la résurrection

Ô, le feu de la résurrection,

L'esprit d'immortalité,

Je prie pour que vous renaissiez,

Renaître de ses cendres,

Déployer ses ailes de protection,

La grâce éternelle s'allume,

Renouveler la vie de l'univers,

Avec vos capacités psioniques,

Dépasser les obscurités du passé,

Voyager à travers toutes les adversités.

Le feu de l'éternité

O, le feu de l'éternité,

Gardez votre flamme éternelle allumée,

Dans chaque cœur de mortel,

La flamme brûlante de l'amour,

Avec de la vie et de l'espoir,

Souvenons-nous,

Les sacrifices avec gratitude,

Des labeurs et des épreuves innombrables,

Contre les calamités étranges et sans fin,

Les mémoires de nos ancêtres.

Pétrichor

Des crevasses profondes de la terre enflammée,

Vous surgissez, les Naïades invisibles,

L'arôme de la géosmine, la joie de la nature,

Courtisant l'air, obscurément myriade,

Chimie de la terre et de l'eau, imprégnée,

Sédatif pour les sens, sans pénurie,

Flottant amoureusement dans la brise,

Chants du prélude de la mousson,

Il annonce la naissance de la progéniture verte,

Et des vers luisants pour illuminer la nuit d'été.

Rosée

Heure de la copulation, la nuit se termine,

Autour de la sphère, s'embrasser progressivement,

Les formes endormies s'agitent, se plient avec amour,

Flottant silencieusement à la surface de la terre,

Des gouttes de perles sur les lèvres pulpeuses de l'amant,

Transcende le bas en tant que félicité de Dieu.

Tu es l'amour de l'automne,

Cristal rafraîchissant de couleur transparente,

Cueillette sur les fleurs épanouies,

Tu donnes la chair de poule à l'hiver,

Touchant délicatement les quelques chanceux,

Qui te contemple comme la rosée du matin.

Pluie

Une terre desséchée et un gâchis de déchets,

Souffrance du soleil ardent,

Travailler pour construire la douche et la bénédiction,

La tour de nuages, ce n'est pas un plaisir d'enfant,

Goutte à goutte, des océans et des rivières,

Tomber du ciel, pour calmer la fièvre.

La nature est riche d'une verdure luxuriante,

Avec la brise du parfum de la flore,

Orne-toi de bijoux et de parures,

Comme une servante, elle attend avec patience,

Elle aspire à rencontrer l'amant idéal,

Merrily sourit lors de son enterrement de vie de jeune fille.

Arc-en-ciel

L'arc-en-ciel t'attire

La couleur du printemps s'en trouve tachée,

Ton chagrin s'est dissipé

Tout partager.

L'arc-en-ciel a embrassé ta tempe

Avec amour, pendant ce temps,

Toucher l'âme

Effacer tous vos conflits.

Tu as embrassé l'arc-en-ciel

Avec joie et sourire,

Concrétiser la vision

Un million de rêves pour votre vie.

Mère

Voici l'arbre mère,

Le plus grand soin est apporté à son noyau,

La robuste coquille protectrice maternelle

Cela couvre la tendre progéniture.

Contemplez la nature,

L'affection suprême qu'il porte à son germe,

Les ressources robustes et maternelles de l'épanouissement

Cela a favorisé la fragilité de la jeune pousse.

Saluer la mère,

J'ai consommé ton énergie pour me former,

Tu m'as permis de respirer,

L'accouchement douloureux l'a rendue fragile et faible.

Mère, la guerrière

SHE,

La mère de tous les guerriers,

Posséder la beauté de la création,

Portant sa progéniture,

La vie naît sous sa protection.

SHE,

La mère de tous les guerriers,

Possédant la beauté de sa race,

Nourrir sa progéniture,

Portant la manne dans sa tendre poitrine.

SHE,

La mère de tous les guerriers,

Posséder la beauté de l'affection,

Réconforter sa progéniture,

Favoriser la descendance par son dévouement maternel.

Sita

Elle se tenait comme une femme ostracisée,

dans son moment de délivrance,

Elle a entendu la théorie de la séparation.

Décapitation du méchant à dix têtes,

vengé, son honneur conservé,

la suspicion s'est emparée de l'heure historique

sur le caractère vertueux de sa femme,

a déclaré son désaccord sur son rattachement.

Les yeux endoloris souffrent de la lumière,

Il lui a donc permis de s'envoler,

les dix directions, elle pourrait aimer.

Stupéfaite, elle s'est levée,

les spectateurs sont restés muets,

personne n'a osé protester,

la grave injustice perpétrée,

à son épouse, qui a souffert des tribulations,

tout au long du séjour en forêt.

Même le puissant à dix têtes,

craignait son mérite de chasteté,

s'inclinent devant sa piété.

Draupadi

Perdue par son mari comme enjeu

dans le jeu de dés,

qui a changé son destin,

de reine à esclave.

Traînée par ses cheveux

parmi les anciens,

par le malheureux vengeur,

dans l'assemblée, ils sont allés chercher.

Vêtu d'une pièce d'étoffe,

au cours de sa saison,

qu'ils ont tenté de déshabiller, sa pudeur,

dominés par le patriarcat.

Elle a épousé ses cinq maris,

bien que sa dissidence ait été supprimée,

tourmenté comme une proie,

affligée, comme une femelle balbuzard,

Elle pleure à chaudes larmes.

Personne n'a osé protester,

la grave injustice perpétrée,

L'Epic reste silencieux.

Jeanne d'Arc

Vêtu d'une tenue d'homme,

avec des cheveux coupés au carré,

a surgi l'intrépide guerrier,

Héroïne de cent ans de guerre,

L'adolescente paysanne,

expulse les Anglais de France.

Elle brandit sa bannière,

Elle était le commandant français,

un planificateur diplomatique et militaire,

comme l'Histoire nous l'apprend,

sur Jeanne d'Arc,

le courageux inspirateur.

La vie prend alors un tournant,

lorsque toutes les énergies brûlent,

Le milieu environnant s'assombrit,

pour faire tourner l'arc de la vie,

un nouveau voyage à entreprendre,

adorant Jeanne d'Arc.

Diogène

Une lampe à la main en plein jour,

à la recherche d'un honnête homme,

à Athènes,

recherche d'un homme de bon sens,

Ce n'était autre que Diogène de Sinope.

Résidant dans un fût de vin vide,

rejeter toute forme de confort,

ont été confrontés à des citoyens dépourvus de sensibilité,

pour les valeurs superficielles de l'homme,

société, qu'un stratagème artificiel,

sans vérité, sans vertu, sans but noble.

Ainsi, en brandissant la lumière

sur les visages des passants,

n'a pas réussi à trouver un honnête homme, soupire-t-il.

La réalité n'est qu'un faux fantasme,

un état de rêve, a-t-il affirmé,

que les bonnes manières ne sont que des mensonges,

juste une fausse vie pour se cacher,

pas le courage de se confier,

donc, dans une fausse réalité piégée,

L'homme, dans une sorte de rêve, vit,

dans une éthique superficielle, croient-ils.

La vie reste raisonnable, a-t-il dit,

vivre en accord avec la nature,

et toutes les inclinations sont fiables.

Il s'est même opposé à la foi d'un supérieur,

de Platon et d'Alexandre le Grand,

ce dernier l'a rencontré à Corinthe,

pour admirer son véritable esprit.

Guérison

O Nature, tu es polluée,

L'homme a commis une anomalie,

Des milliers d'années de folie diabolique,

L'avidité du progrès vous épuise,

Il ne reste plus qu'à choisir entre guérir et guérir,

Comme vous avez été aveuglément pillés.

O Nature, tu es une potion de guérison,

Les cicatrices du manque d'amour peuvent être guéries,

Le cœur brisé peut être comblé par l'amour,

Respirer ta douce essence,

Mon cœur oublie les tourments insensibles,

Et danse dans un mouvement rythmique.

Réflexions

Debout sur le rivage étouffant,

Regarder l'azur de la mer profonde,

Recueillir les réflexions du temps,

Les pas de nombreux sages,

Sur les sables de l'édification morale,

En écho à l'essence du sermon,

La vague se déchaîne en cadence,

Respirer les ondes positives,

Les stigmates cicatrisés s'effacent,

Des vices humains que sont la cupidité et la haine.

La fourmi

Un morceau de pain grillé

Quelques morceaux de sucre

Des miettes de pain,

La récolte de l'été,

Remplir le grenier pour l'hiver,

La file d'attente est descendue,

Disciplinés comme des soldats en marche,

Pas de fiasco, pas d'agitation,

Avec patience et beaucoup d'application,

Prendre en charge la charge de la masse,

Se retirer sur le chemin de la vie,

S'associer à nouveau à une entreprise couronnée de succès,

Ne craignez jamais l'échec d'une structure fragile,

Car l'échec est un leurre pour le succès.

L'histoire en suspens

Une fois en pleine nuit,

Quand tout semblait réglé,

Seules les personnes nocturnes sont concernées,

Le vol en trombe d'un coléoptère,

Le mouvement tourne en rond,

Afficher la ferveur d'intentions malveillantes.

Soudain, le mur bouge,

Dit : "N'oublie pas que tu dois,

Ne mettez jamais de limite pour régler,

Car il faut faire ses preuves,

La civilisation qui a mis des frontières,

Toujours soufflé par des incendiaires".

En entendant ce conseil, j'ai réfléchi,

Le sort des villes qui s'interrogent,

C'est alors que mon président a commencé à groover,

Il aimait bouger,

De l'angle est à l'ouest,

Attirer l'énergie pour être le plus performant possible.

La plume, avec patience, écouta,

Il s'est redressé et a dit : "N'ayez pas peur,

Tout le monde sait que j'ai le pouvoir,

Je me bats toujours contre les corrompus,
Parmi les épines, la vie n'est pas facile,
Mais ne vous contentez jamais, occupez-vous".

Le papier, posé sur la table, a volé en éclats,
A voix basse, elle marmonne,
"Je suis toujours né sans écriture et en blanc,
Pour graver des mots sur la lumière,
Conduire le peuple à la révolution,
Comme je crois à l'évolution constante".

Mon journal sait

Mon Journal ne connaît que mes intentions,
Avoir enregistré toutes mes passions,
Parfois, il me sourit en retour,
Lorsqu'il note mes passions.

Le matin, il me salue en me disant "Bonne journée".
J'espère pouvoir descendre mon gris secret,
Mais n'ayant pas réussi à le faire,
Sur ma table en bois, il est posé, inactif.

La nuit, il exprime des idées lumineuses,
Essaie de me garder joyeux et plein d'entrain,
Jusqu'à ce qu'elle réussisse dans ses entreprises,
Il ne me souhaite jamais "bonne nuit".

Mon journal intime agace

Il arrive que mon journal ne comprenne pas,
Pourquoi certains compilateurs sont pressés et inquiets,
Comme s'ils étaient d'humeur à mendier,
Pêcher la fraîcheur de ma créativité.

Il arrive donc que mon journal s'énerve,
Car il a besoin de temps pour réfléchir et écrire,
Pendant que les éditeurs attendent avec des appareils,
Pour imprimer ma créativité en noir et blanc,
Dire aux compilateurs de se conformer,
Maintenir le temps imparti,
Mais mon agenda est occupé à flirter avec des papillons,
Et la nuit, il joue avec les lucioles.

Mon traversin

Mon traversin est béni,

Je reçois mon amour tous les jours,

À la tombée de la nuit, il s'anime,

Je souhaite ardemment retrouver l'amour qui est le mien,

Si voluptueuse, elle agit,

J'exprime des faits réels,

Expert en jeux de rôle,

S'adonne manifestement aux préliminaires,

Très amoureuse, elle l'a étouffée,

De mon amour, elle a recueilli,

Et parfois, elle a pitié de moi,

Pour n'avoir pas trouvé mon bien-aimé en vérité,

Tant de câlins et d'attentions,

Elle m'aime toujours à cœur ouvert.

L'amour est l'amour

Car l'amour est l'amour

Ne jamais être séparé en deux

Bien que dans votre cœur

Vous ressentez la douleur

La vie est dure

Avec beaucoup de tension

Seulement en liberté

Vous pouvez gagner

Cruel était le roi

Avec le règne du despote

Aveuglés par le pouvoir

Qui est devenu fou

Pour la liberté des peuples

Il a tué

Parmi ses sujets

Une figure de Bane

Les nobles l'abhorrent

Avec un profond dédain

Les érudits l'ont mis en relation avec

Avec toute la profanation

L'âme est bénie

Qui est désireux

Honorer l'amour

Dans sa fane

N'exprime jamais la gloire

Dans sa vaine

L'amour est le cœur

Qui ne faiblissent jamais

Amour et haine

Définitivement les deux

Ne se rencontrera jamais

Ou rester judicieusement

Car l'amour est l'amour

Ne peut être coupé en deux.

L'amour de Didon

Entrelacés avec le feu de la passion,

Enflammé par la pensée de la destruction,

Elle a été trompée dans sa croyance,

Avec la douleur et le chagrin,

Elle s'est immolée elle-même,

La courageuse reine de Carthage,

La passion a rendu fou,

C'est ainsi qu'il est mort sans avoir été reconnu,

Elle n'a jamais retrouvé son amant,

Avec un ethos de chagrin dégoulinant,

Comme Freya l'amoureuse,

Elle a été éconduite,

Elle a fini dans le bûcher,

Elle a brûlé.

L'amour de Krishna

La goutte d'eau du chagrin,

S'est glissée dans son cœur,

Son bien-aimé est parti pour le paradis,

Ce matin-là, il ne viendra jamais,

Quand elle s'en irait joyeusement,

Entendre l'air qui coule,

De la flûte de son bien-aimé,

Sa mélodie se tait,

Le silence est devenu sa mélodie pour toujours,

Il s'est juré de ne plus jamais jouer de sa flûte,

Perdant sa bien-aimée, la flûte s'est coupée,

L'amour spirituel reste inchangé.

La vie avec un narcissique

Jamais je n'ai pensé

Supporter patiemment un tel supplice,

En tant que victime d'un mal inhérent,

Résider chez un diable masqué,

Contrôlé et dévalorisé,

Ils sont prêts à être maltraités,

De mon talent et de ma carrière,

Passe-temps et intérêts détruits,

Traqué à chaque pas,

Insulté à chaque pas,

Brimée par un arrogant,

Un cœur sans empathie,

Jamais une seule goutte de sympathie,

Soigné dans mes souffrances silencieuses.

Guerrier de l'amour

Je suis le guerrier de l'amour,

pour, dans les batailles d'amour,

Je séduis,

comme le stock parfumé de nuit

Je m'épanouis dans la nature,

déguisée,

attendre patiemment mon bien-aimé,

libérer mon parfum,

en attirant mon amant,

à l'intimité amoureuse.

L'abondance du printemps

De la fin d'un jour d'été

à la récolte du début de l'automne,

Je contemple ton abondance mûre,

suspendus à des vignes baignées de soleil,

les voluptueux monticules groupés,

et tes mamelons juteux brunissent,

qui suintent la liqueur rubis cramoisie,

l'élixir immortel du poète,

coule la cascade de vin rouge,

oubliant les gémissements pensifs et fébriles,

vient la danse endiablée du printemps,

avec la sensualité de la bien-aimée remplie à ras bord,

pour boire une gorgée, je l'embrasse sur le bord,

s'est sentie amoralement droguée,

par ses lèvres épicées au goût de vin.

Les réjouissances du printemps

Les buffets sont couverts d'encens séduisants,

Miel, pommes, figues et raisins,

Avec des fûts remplis de vins mousseux,

La fête du printemps de Dionysos,

Entouré d'acteurs, de poètes et d'écrivains,

Viennent les Maenades qui dansent,

Très alcoolisé par le vin,

Épaules drapées d'une fine peau de fauve,

Des réjouissances frénétiques avec une extase divine,

Une folie copulatrice et pleine de romantisme,

Les rites de fécondité atteignent leur paroxysme,

Des coupes pleines de vin fougueux, le fantasme de l'amoureux.

Mi Amor

Les gouttes brillantes entourent,

Cristal clair, teinte automnale chatoyante,

Comme des étoiles tombées sur le sol,

Le nuage de coton m'ouvre la porte,

Pour être son ardent soupirant,

Offrant ses ailes, elle me pousse à la place,

Voler autour,

Reflétant les teintes ensoleillées et lumineuses,

Briser les barrières lascives de mauvais augure,

Rafraîchissant à nouveau mes teintes fanées,

Ce privilège n'est accordé qu'à un petit nombre,

Passionnément avec des baisers amoureux,

Sentir notre copulation sensuellement pieuse.

Mi Vida

Un doux gloussement m'a invitée,

Surpris et fasciné à la fois,

Hypnotisé par votre douceur,

Faire tomber des diamants de votre sourire,

Couché sur le chemin de mon entrée,

Comme un ange céleste, tu m'as conduit,

Accepté par le Ciel, la connexion des âmes.

Les âmes se sont connectées,

Connecté en conséquence avec le temps,

Le temps, le gardien originel de la vie,

La vie, rien d'autre qu'une chronique ouverte,

La chronique des différentes nuances de l'homme,

Oh ! L'homme joue le rôle de bouffon,

Essayer d'être un maître terrestre futile.

Illusion

Nous foulons la terre,

diviser en termes de transaction,

La transaction,

Une illusion créée par l'homme,

La poche qui porte l'illusion,

se sent fier de sa possession,

La possession alimente l'obsession,

L'obsession de l'augmentation de la possession,

en utilisant l'illusion,

et c'est ce que nous faisons avec plaisir,

La nature a donné de la terre et de la végétation,

notre propre possession,

et cette possession se transforme en poison,

Le poison de notre destin.

Juste des souvenirs

Des tessons jonchent les rivages rocheux,

Des diamants scintillants de souvenirs,

D'une certaine tristesse nostalgique,

Ou un bonheur brisé,

Se baisser pour ramasser,

Près de mon cœur,

J'ai soulevé la question,

J'ai appuyé fort sur ma poitrine,

Avec un sourire pensif sur les lèvres,

Se souvenir des jours qui se sont écoulés,

Dans les malentendus inconnus,

Comme les morceaux brisés oubliés,

Le sang suinte de mon cœur,

Le cramoisi a tourné les tessons luisants.

Wow, mon bien-aimé

Je me réveille tous les jours,

Je me précipite religieusement vers le miroir,

Observer mon visage d'un œil critique,

Brisé, déformé, pas du tout gai,

Mais ce jour-là..,

Oui, ce jour-là,

Ce que j'ai vu, j'en ai eu plein les yeux,

Non, non, pas du tout,

Car j'ai vérifié à plusieurs reprises,

Non, ce n'était pas mon visage,

Le verre était-il brisé ou écaillé ?

Comme je l'ai remarqué,

Clair et ardent,

Le visage de mon bien-aimé, passionné,

J'ai couru comme une folle jusqu'à mon lit,

Mon oreiller, je l'ai embrassé,

Embrassés et câlinés,

J'ai senti avec excitation la présence de mon bien-aimé.

Message divin

Un message d'une main divine est apparu,

Dans le festin babylonien de Belshazzar,

Le mur est encré, étrange et bizarre,

Sa signification a échappé aux interprètes avisés.

La reine a conseillé d'amener Daniel,

Lorsque les sages interprètes ont échoué,

Déchiffrer le sens de la pensée,

Enfin, Daniel a appris qu'on l'appelait.

C'est ce que raconte la légende,

Le message portait le glas,

Pour l'acte blasphématoire de Belshazzar,

Le roi chaldéen a été tué,

Le nouveau roi, Darius le Mède, arrive,

C'est ainsi qu'est enseignée la leçon du credo divin.

Ousia de la puberté

Les rayons de soleil de l'été, brillants et lumineux,

Les fruits mûrs sont d'une grande beauté,

Douche de mousson, fraîche et fluide,

De la verdure adulte, qui guérit beaucoup,

La rosée de l'automne, agréable et bénie,

La pureté de l'aube apporte la pensée divine,

Le froid de l'hiver, le gel et le froid,

Garde confiance, toujours audacieux,

Le printemps vient de naître, il annonce la beauté,

Transforme la nature en puberté,

Album de souvenirs d'enfance d'un homme,

Inscrit à l'âge adulte des poèmes.

Beauté de la substance

Aujourd'hui, vous riez moins qu'avant,

Seuls les sourires solennels illuminent vos yeux,

Vos mots étaient des murmures en cascade,

Seules les articulations graves jouent maintenant la sérénade,

Votre innocente espièglerie dans un cas,

Maintenant, c'est à vous de maintenir la distance,

La baguette magique de l'essence de la nature,

Vous invite à la transcendance divine,

La beauté de l'innocence de votre enfance,

Se métamorphoser en beauté de substance.

Cicatrices d'amour

Cette époque est révolue,
Quand tu m'as souri
A ma stupidité et à mon accord.

Ces heures sont révolues,
Quand tu as gardé la tête froide
Sur mon épaule et dormait.

Ces minutes sont révolues,
Quand tu as pressé tes lèvres
Pour avoir tenu le mien dans vos mains.

Ces secondes sont révolues,
Quand tu as regardé avec larmes
A mon adieu quand tout sera fini.

Amour encré

J'essaie d'encrer
mes pensées sur vous,
mais en se rappelant ton visage aimant
Je ne trouve que très peu de mots.

Je souris, je décris
comme très bien,
mais l'encrage ne se fait que pour trouver
le même mot trois fois.

Vos mots doux tels qu'ils apparaissent
si fascinant pour mon esprit,
mais l'encrage ne se fait que pour trouver
mon cerveau devient aveugle.

La crique aquatique

La marche à pied
le labyrinthe des souvenirs,
Je rencontre ma bien-aimée,
s'approchant magnifiquement,
avec des bras ouverts et invitants,
en se pressant fortement,
ses lèvres se fondent dans les miennes,
et se délectent de la saumure juteuse.
Quelque part
au bord de l'ancienne mer d'azur,
Comme un navigateur perdu,
J'ai trouvé ma naïade chérie,
qui me guide
dans son anse aquatique.

Vraiment, je t'aime

Oui, je t'aime toujours,

Pour la recherche d'un nouveau port

C'est à contrecœur que vous avez quitté la tonnelle d'amour,

Pour vous rafraîchir la mémoire,

Cela vit en moi avec des nuances diverses,

Tu m'as abandonnée à une heure funeste,

Sous les ombres d'une charmille de rêve,

Cette nuit-là, comme la rosée suspendue au milieu du ciel.

Bien que le navire ait quitté le rivage,

J'attends toujours seule,

Avec la douleur, je supporte davantage la patience,

Longues sont les époques révolues,

Un rossignol chante notre histoire d'amour,

Je compte sur tes mots doux.

Silence, laisse-moi aimer

Le silence,

Une introspection,

Écoutez les âmes s'exprimer,

Interagir avec la nature.

Les deux amants,

S'asseoir ensemble,

Main dans la main,

Ils s'expriment en toute sincérité,

Serrer fort,

Ils s'embrassent passionnément.

Mais..,

Mais tout en silence,

Le hibou nocturne a cessé de hululer,

Ils observent attentivement les amoureux,

Apprendre l'art de faire l'amour,

Avant d'appeler son compagnon.

Beauté immaculée

Venez, baignons-nous dans les rayons du soleil,
Une fois, il a illuminé la terre vierge,
Touchant les baies lointaines
Proclamer la naissance primitive.

Viens, trempons-nous dans les gouttes de pluie,
Une fois qu'il s'est imprégné de la nature pure,
Inondation des marmites terrestres
Célébrer l'aventure de la vie.

Viens, touchons l'herbe tendre,
Autrefois, il tapissait la terre sacrée,
Habiller la masse du sol
Manifester la joie de la nature.

Mon paradis de rêve

Tripoter et s'accroupir

Brouillage et tâtonnement

Tourner et se tordre,

Parfois et quelque part,

Demi-droite ici

Il est à moitié plié,

Je me dirige vers ma destination,

Usés et à moitié dépensés,

Comme une chèvre de montagne qui ne se laisse pas décourager,

Avec ma détermination à toute épreuve,

Pour mettre à l'échelle le sommet,

Jusqu'à mon dernier souffle, je le jure,

Je sais, je n'ai rien à craindre,

C'est vous qui y résidez,

Avec ta main tendue près de toi,

Vous attendez de me trouver, ma chère,

Brillant et scintillant,

Avec votre sourire enchanteur,

Tu es mon paradis de rêve

Embrasse mon esprit et l'anime.

La beauté de l'amour

Qui est si insipide et cruel

Comme le personnage de Macbeth de Bard ?

Qui massacre la beauté de l'amour

Et est si vil et si suspect

Comme le personnage d'Othello de Bard ?

Qui uxoricides la beauté de l'amour ?

Car la beauté de l'amour ne s'estompe jamais,

Elle ne meurt pas non plus, comme les âmes immortelles,

Un esprit divin ne peut jamais être incisé,

Par les vices d'arrogance et d'avarice.

Inciser les cœurs des amoureux heureux,

Contemplez les divins et agréables berceaux,

Là où résident les amants bénis,

Au bord de l'océan, plein de coraux tendres.

Sagesse

Debout sous le ciel violet,

Lorsque vos émotions sont à fleur de peau,

Ne cherchez pas d'indications,

Il suffit d'observer la teinte du ciel en haut,

Le calme et la stabilité du bleu,

Se mêle à l'énergie féroce du rouge,

Il crée souvent un étonnement violet,

C'est la royauté du Tout-Puissant,

Vous découvrirez peut-être le mystère,

C'est là que se trouve le message éternel,

De dévouement et de dignité,

Plein de sagesse et de fierté.

Bénédiction

Ne disons pas,

Vos émotions n'ont pas de direction,

Car les émotions existent en abondance

Dans chaque atome de ce monde,

Comme un Shagirdh court à toute allure,

Obtenir la bénédiction d'un Maulavi,

Il en va de même pour le soleil,

La sagesse brille,

La lune,

Reflète sa gloire,

La Terre,

L'émotion va de pair avec la contrainte,

Tout porter en cercle.

Poème sur la pandémie

Un sentiment de morosité s'empare de

l'humanité

La peur du malheur nous pousse

à la folie

Nos perceptions ont été obscurcies

par l'anxiété

Nous avons oublié de regarder

la positivité

Réfléchis, ô humanité fluide

La discipline qui apporte

la vraie félicité

La pratique pour augmenter

notre immunité

La force de lutter contre

la calamité

La leçon à retenir

notre civilité

L'effort de préservation

la divinité.

(Ce poème a été écrit lors d'une pandémie mondiale en 2020 et a reçu
une reconnaissance internationale).

Cricket et Covid

Les joueurs se dirigent vers le terrain,

Calme et posé,

Respirer de l'oxygène,

Ils doivent courir sur la piste,

Sur la bande rectangulaire,

Rassemblement de la ligne de vie,

Conquérir la guerre contre vents et marées.

Les morts sont transportés jusqu'à l'enterrement,

Souffert et réduit au silence,

Sans oxygène,

Ils doivent être emmenés sur le bûcher,

Dans la bande rectangulaire,

Compléter la ligne de vie,

Perdre la guerre contre toute attente.

Les roches de la vie

Se souvenir

que votre vie soit toujours un succès

Pour

l'arc de la vie absorbe le choc

Ni

double la pression ou la douleur

Et

vous pouvez gagner de plus en plus

De

la courbe lordotique du cou

Si

tu le gardes toujours sous contrôle

En tant que

l'impulsion mentale part du cerveau

Donc

la colonne vertébrale et les nerfs fonctionnent en chaîne.

Compagnon

Comme un mirage soudain dans le désert, vous vous approchez,

Partageant mes longues heures de solitude et d'insouciance,

Instantanément, j'ai oublié mon timide reproche,

Bénis-moi par tes douches rafraîchissantes constantes,

Exprimez vos intonations passionnées, lentes mais douces,

Chaque mot prononcé est considéré comme une cadence musicale,

Déchirer les fausses inhibitions féminines anciennes et vaines,

Vous affichez fièrement votre beauté audacieuse,

Essuyant le nuage gris de mon esprit, j'ai regretté,

Vous vous alignez sur les pluies incessantes de la mousson,

Il m'a insufflé un nouvel espoir, totalement imprégné,

Se tenir la main sous votre tonnelle romantique ombragée,

Je me trempe béatement, au fil des heures humides,

Jureras-tu de m'accompagner pour toujours ?

L'amour étouffé

Maintenant, vous êtes occupé avec votre bien-aimé,

passionnément excitée,

que la chaleur fiévreuse de l'été,

Je ne serai pas la douche froide de la mousson,

pour t'attirer dans le flot de mes peines,

Je préfère attendre les prochaines chaleurs estivales,

pour élever mon intense ferveur,

tolérant la froideur désolante de l'hiver,

recueillir les teintes du printemps fleuri,

vous plongeant dans des mandalas psychédéliques,

avec mon étreinte ardente de baiser lascif.

L'esprit sans âge

Un jour, un jeune m'a demandé,

avec des curiosités naissantes, "Bonjour Monsieur",

depuis combien de temps êtes-vous

sur cette terre généreuse ?

J'ai répondu en gloussant de patience,

Bonjour, jeune homme, je suis un simple voyageur,

voyageant dans l'immensité verdâtre,

en marchant sur les mémoires glorieuses de la vie,

J'appartiens à toutes les générations,

un esprit sans âge avec une profonde vénération,

acquérir toutes les connaissances me concernant".

Nyra

Un certain jour du printemps
Elle s'est épanouie,
Au bord du torrent de montagne
Sous la colline enneigée,
Purement comme un rêve angélique.

Elle a grandi dans une jeunesse radieuse,
Magnifique avec une coiffe florale
Se parer d'une esthétique austère,
Couronner glorieusement d'un diadème,
Les habitants du village l'appelaient "Nyra".

Une veille, la Lune l'a appelée,
Citation : "Ta beauté divine impressionne au loin,
Tu as toujours éclairé l'obscurité aveugle,
Bien que vous ayez fleuri sous le nom de "Nyra",
Vous êtes la Diane terrestre".

A l'aube, le soleil la bénit,
Il a dit : "Tu es plus brillant que les autres,
Votre présence maintient la terre illuminée,
Bien que vous vous soyez fait connaître sous le nom de "Nyra",
Vous êtes la déesse "Râ".

Rendez-vous

Reposant avec un stylo rose et un papier blanc, près de la fenêtre ouverte, le soleil brillant, jetant un coup d'œil sur les pétunias en fleurs, j'ai noté la première ligne, "Ma bien-aimée Valentina".

Le soleil radieux illumine l'horizon, les pétales bourgeonnants deviennent rouges, jouant avec l'ombre et la lumière.

Le printemps est venu chanter, l'hiver endormi s'est lentement estompé, laissant derrière lui la stupeur froide, les moineaux jouent dans la clairière de la forêt, le coucou trouve une leçon de chant.

En entendant le coucou, je sors en courant dans le jardin aéré, sous une niche fleurie, je m'arrête, deux chaises et une table, deux tasses de café brun, fumant, à la couronne blanche et laiteuse.

Un livre de poèmes d'amour à côté, sur le tapis de table blanc, une rose cramoisie, une tablette de chocolat noir, avec une carte de vœux rose, qui regarde au-dessus, avec un smiley, "It's only for you, My Love" (Ce n'est que pour toi, mon amour).

La brise souffle un parfum floral, attirant mes sens face à face, une coiffe de plumeria rose, je m'enfonce, des ricanements amusants frappent mes sens, je perçois son regard de passion amoureuse.

Lentement, avec un sourire, elle touche la rose aux pétales cramoisis, suintant de désir, la tient fermement, fermant les yeux, la tête penchée, prenant une profonde inspiration, consommant le parfum, figeant les instants.

Méditante, silencieuse et immobile, puis ouvrant les yeux, lascive et ivre, elle embrasse les pétales, les porte à mes lèvres, sourire mystérieux, comme si elle embrassait les lèvres agiles de ma bien-aimée.

L'arôme a frappé mes sens, oubliant l'environnement, enflammant mes passions, sombres, profondes et denses, depuis les crevasses de mon cœur, jamais réalisées aussi intensément.

Elle a posé la tablette de chocolat, entre ses lèvres entrouvertes, m'invitant à en prendre une bouchée, se penchant peu à peu en avant, le regard fixe, hypnotisé, lentement mais sûrement, comme en transe.

Je penche la tête, j'attrape l'autre extrémité, la barre de chocolat, je la regarde en silence, la barre entre nos lèvres, comme le pont brun sucré, le toucher affectueux que nous chérissons.

Enveloppée d'émerveillement, la surprise mielleuse, la mélodie confite de ma bien-aimée, la reprise harmonieuse de notre âme, rehausse candidement notre intensité amoureuse.

La barre fondante dans notre bouche, rapprochant nos lèvres du baiser, l'essence chocolatée nous fait défaillir, nos lèvres se heurtent et s'effondrent dans un doux baiser chocolaté.

En suçant les lèvres de l'autre, nous nous découvrons, dans une étreinte passionnée, léchant et chatouillant, tandis que nos langues se rencontrent jusqu'à ce que, le chocolat fondant rapidement, nos lèvres ne se séparent plus.

Les yeux fermés, notre imagination s'emballe, dans une île lointaine, le soleil brille, sur le sable blanc, nous sommes allongés côte à côte.

Nus et dépouillés, nous nous câlinons, depuis des siècles, l'empire a grandi et s'est effondré, mais notre amour reste audacieux, à jamais notre histoire d'amour sera racontée, un mystère, l'univers se déploie de manière vivante.

Civilisation

De quelle civilisation vous vantez-vous ?

Vous avez nourri votre avidité,

Vous avez nourri votre jalousie,

Vous avez nourri votre vengeance,

Au nom d'une civilisation fière.

Avez-vous ressenti le traumatisme de votre enfant en chargeant des bombes au nom de la fausse guerre ?

Avez-vous pensé à l'avenir de votre enfant lorsque vous plantez des virus et des produits chimiques mortels ?

Vous êtes tellement jaloux et revanchard que vous compromettez l'avenir des générations qui vous sont chères.

Sœurs maudites

(En souvenir de la mort de Snehalata Mukhopadhyay en 1914, un décès dû à la dot largement reconnu en Inde, et de la mort de Mahsa Amini en 2022, un décès dans des circonstances suspectes largement discuté).

Snehalata Mukhopadhyay ou Mahsa Amini,

Peut-être étiez-vous originaire d'Inde ou d'Iran,

Vous avez donné votre vie pour prouver que vous étiez des êtres humains, qui avaient le droit de se battre,

Pas seulement contre la domination masculine,

Mais la domination sur l'argent et le pouvoir.

Snehalata, il y a si longtemps, à Calcutta,

Tu es morte parce que ta belle-famille mendiante ne t'a pas donné de dot,

Ils pensaient que leur fils était une bénédiction,

Apporter des liasses de billets convoités,

Satisfaire leur soif de richesse et de pouvoir,

Snehalata, votre mari n'était-il pas un appât pour piller de l'argent ?

Ou un symbole de la domination masculine ?

Ou un faux pouvoir de discrimination sociale ?

Mahsa, tu es morte pour obtenir tes droits,

Les droits de l'homme, où les hommes et les femmes devraient être égaux, comme on dit,

Mais dans la pratique, ils craignent,

Pour avoir perdu du terrain au profit de fausses idées,

Ils sont donc toujours prêts à faire de la discrimination,

Vous réfugier de force derrière le voile.

Snehalata et Mahsa,

Pendant combien de temps allez-vous vous battre pour devenir libres
?

Pour faire étalage et exprimer vos pensées sans jamais cesser de vous
battre dans les rues ?

Est-ce jusqu'à ce que votre sang s'écoule dans un ruisseau, s'écoulant
loin pour créer une mer au sang rouge, et que votre squelette se
dessèche en blanc dans un cimetière ?

Le livre de mon âme

La main qui tient le livre

C'est la main qui tient ton cœur,

Les doigts qui touchent les pages

Ce sont les doigts qui touchent votre âme,

Le cœur qui lit à travers les lignes

C'est le cœur qui embrasse votre âme,

L'âme qui prononce les mots

C'est l'âme qui raconte l'extase inouïe.

Synopsis du contenu

The Holy Convergence And Other Poems est un recueil incomparable de cinquante-huit poèmes. Les poèmes expriment différentes émotions sincères. Il s'agit d'une expression poétique des expériences de vie et de mort, d'amour et de séparation, de joie et de tristesse que nous vivons inévitablement au cours de notre vie. Le poète explore les thèmes de la discrimination sociale, de la dévastation par la pandémie ainsi que des poèmes sur des personnages historiques et légendaires. Bien que des aperçus de situations sociales et culturelles soient mis en lumière, la positivité de la nature et la spiritualité qui guérit, éclaire et oriente les bons chemins dans nos vies sont également soulignées dans les poèmes. Le poète dispose d'une vision innée et puissante pour les observer et les interpréter dans diverses formes poétiques et schémas de rimes. Les poèmes sont sans aucun doute réalistes, mais romantiques et pragmatiques, pleins d'expériences inestimables dont les lecteurs ressentiront certainement la profondeur dans son intégralité après avoir parcouru le livre.

A propos de l'auteur

Debjyoti Das

Debjyoti Das, poète et auteur, est professeur de langue et de littérature anglaises à Kolkata. Il a reçu le prix humanitaire d'une ONG internationale basée à Londres pour avoir inspiré l'humanité par ses poèmes lors du confinement pandémique dans le monde entier en 2020. Outre d'autres prix et reconnaissances, il a récemment reçu le Laureate Award pour sa contribution à la littérature, décerné par une maison d'édition basée à Kolkata. Écrivain prolifique depuis sa scolarité, il a coécrit plus de quarante anthologies publiées à ce jour par diverses maisons d'édition.

www.ingramcontent.com/pod-product-compliance
Lightning Source LLC
Chambersburg PA
CBHW051300160726
47994CB00003B/1247